LETTRE

A M. le Rapporteur de la Loi

SUR LE SÉNAT

PAR

M. CORENTIN GUYHO

Avocat au Conseil d'État et à la Cour de cassation

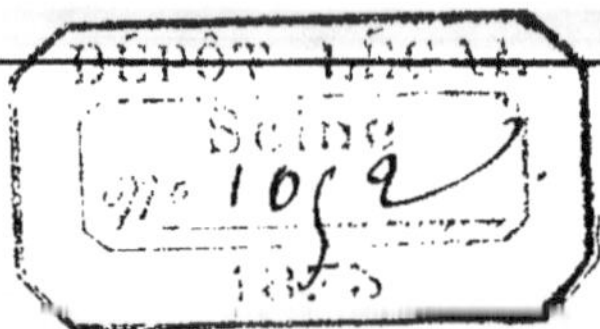

PARIS

IMPRIMERIE TYPOGRAPHIQUE DE A. POUGIN

13, QUAI VOLTAIRE, 13

1875

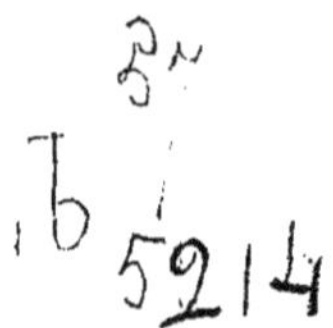

LETTRE

A M. le Rapporteur de la Loi

SUR LE SÉNAT

Monsieur le Député,

Vous avez déclaré fort obligeamment, dans votre rapport, que mon étude historique sur les Chambres Hautes françaises et étrangères [1] avait été à la Commission des Trente et à vous-même de quelque utilité. La compétence spéciale que vous avez eu ainsi la bienveillance de me reconnaître m'autorise peut-être à venir vous faire part des observations qu'ont inspirées à un homme en dehors des partis politiques les débats déjà engagés à l'Assemblée sur le rôle du Sénat dans la révision de la Constitution et dans la transmission des pouvoirs présidentiels, ainsi que sur son mode de recrutement.

I. — DROIT DE RÉVISION

Toutes les Constitutions sages, — non-seulement de l'Europe, mais de l'Amérique, — se sont déclarées modestement perfectibles, ont prévu, — non pas la nécessité à une date fixe, mais la faculté à toute époque, — d'une révision facile,

---

1. *D'une Chambre Haute*, 1872, chez Marescq, 17, rue Soufflot. Prix : 2 francs.

et ont réservé aux Chambres existantes, — particulièrement au Sénat, — le droit de provoquer cette révision.

Mais ce qu'il faut remarquer, c'est que jamais, — à aucune époque, ni dans aucun pays, — le pouvoir d'opérer la révision n'a été donné aux Assemblées mêmes qui l'ont provoquée.

Que se passe-t-il en Belgique ?

Les deux Chambres ont le pouvoir de déclarer que tel ou tel article de la Constitution doit être revisé. Cette déclaration emporte de plein droit leur dissolution. Une Chambre des Représentants et un Sénat nouveaux sont élus, dans les quarante jours, *avec mandat constituant.* La discussion ne s'ouvre dans chaque Assemblée qu'en présence des deux tiers des membres, et la majorité légale est portée aux deux tiers des votants. (Art. 131 de la Constitution.)

Que voyons-nous dans l'État de New-York ?

La proposition de reviser la Constitution vient uniquement du Congrès, c'est-à-dire de la réunion des deux Chambres ; mais, là encore, les Chambres mêmes qui ont provoqué le changement ne sont pas chargées de l'accomplir. Ce rôle est réservé à la législature suivante. Trois mois avant l'élection de la Chambre des représentants et du Sénat qui sont nommés ainsi *avec mandat constituant,* les amendements projetés sont publiés pour que les électeurs choisissent leurs mandataires en vue de l'adoption ou du rejet des articles nouveaux. Les deux Assemblées, issues dans ces conditions du Suffrage universel, délibèrent l'une après l'autre. Elles ne peuvent adopter qu'à la majorité des deux tiers des voix (art. 6 de la Constitution).

C'est que le principe admis en Belgique comme en Amérique, dans la Monarchie comme dans la République, est celui-ci : une Chambre, élue pour voter des lois en restant dans le cercle d'une Constitution donnée, ne peut, sans attentat à la souveraineté nationale, aux droits des électeurs et à la volonté du pays, se transformer après coup d'Assemblée législative en Assemblée constituante.

En France, les Chambres futures nommées, — non pas comme l'Assemblée actuelle avec un mandat indéfini et dès lors susceptible de deux interprétations, — mais avec un caractère exclusivement législatif, se trouveraient avoir néanmoins entre les mains,— et cela à tous les moments,— le sort de la Constitution en vertu de laquelle elles auraient été élues. La majorité n'étant même pas portée dans chacune de ces Chambres aux deux tiers des voix, l'œuvre constitutionnelle n'aurait ni solidité ni avenir, soit quant à la forme républicaine, soit quant aux garanties conservatrices que croient devoir stipuler comme contrepoids les monarchistes ralliés à la République.

II. — TRANSMISSION DES POUVOIRS PRÉSIDENTIELS

L'amendement Wallon adopté par la majorité de l'Assemblée n'a pas,— comme on pourrait le croire d'abord,— une origine et un caractère exclusivement républicains. En effet, sous une Monarchie aussi bien que dans une République, on conçoit que le rôle du Parlement puisse être, en cas de vacance du trône ou du fauteuil présidentiel, de disposer du pouvoir exécutif. Ainsi, en Angleterre et en Belgique, les Chambres réunies ont le droit constitutionnel d'élire le chef du Gouvernement. Ce droit, elles en ont usé, même depuis 1688 de l'autre côté du détroit, et, en Belgique, en faveur du roi Léopold. Seulement, au lieu d'engager le pays envers un seul homme et pour un temps déterminé, elles transfèrent la couronne à une dynastie et pour une période indéfinie.

Mais ce qui est illogique, contradictoire, c'est de transporter du Monarque héréditaire au Président élu *pro tempore,* l'INVIOLABILITÉ, prérogative toute royale et découlant du principe dynastique. Du droit d'élection dérive, par la force même des choses, et en dépit de toute disposition contraire, le droit de révocation. Ce droit, mieux vaut le régler que le méconnaître.

Même aux États-Unis, où le Président élu ne doit pas sa nomination au Congrès, la Constitution donne aux deux Chambres un moyen extrême, mais légal, de renverser du pouvoir le représentant d'idées devenues odieuses à la majorité du pays. Je veux parler du jugement du Président par le Sénat, sur la provocation de la Chambre des représentants. Cette décision, si elle était jamais défavorable au Président, n'aurait qu'un sens politique et impliquerait simplement la perte de la confiance nationale ; mais, comme la majorité est en pareil cas des deux tiers des votants dans le Sénat, aucun Président n'a encore été déposé de cette manière, et l'exemple de la mise en jugement du successeur d'Abraham Lincoln est venu démontrer qu'il y avait là une garantie plus sérieuse et plus efficace que dans une inviolabilité écrite sur le papier.

Il est curieux de rappeler qu'aux États-Unis le parti Anglais, composé de monarchistes convertis à la République, c'est-à-dire le Centre droit et le Centre gauche de cette époque et de ce pays, proposèrent une sorte d'amendement Wallon dont voici l'économie :

L'élection directe du Président devait émaner du Congrès, c'est-à-dire du Sénat et de la Chambre des représentants réunis. Le chef du Pouvoir exécutif dépendait ainsi du Parlement, c'est-à-dire des deux Chambres, et non d'une seule, ce qui devait donner une certaine stabilité au pouvoir en maintenant la prééminence de la représentation nationale.

Jusqu'ici, rien que de semblable à l'amendement Wallon ; mais voici où commence la différence :

La responsabilité du Président, — responsabilité générale, même en dehors du cas de haute trahison, — était posée en principe; mais, en même temps, elle était distinguée de la responsabilité ministérielle, en ce que le Ministère était obligé parlementairement d'avoir, comme en Angleterre, la majorité dans chaque Chambre sur chaque question dite de *cabinet*, tandis que le Président ne pouvait être attaqué que sur l'ensemble de sa politique, et renversé, sur l'initiative de la Chambre des représentants, que par les deux tiers des voix dans le Sénat siégeant sans caractère ni formes judiciaires. Cet amendement à la Constitution fut repoussé par le parti démocratique; mais les esprits sages et pondérés des États-Unis, Jefferson notamment, ont toujours regretté qu'un tel système n'eût pas été préféré à l'élection populaire et à la destitution par jugement du Président de la République Américaine.

III. — MODE DE RECRUTEMENT DU SÉNAT

L'expérience a démontré qu'on a beau conférer à une Chambre haute des pouvoirs égaux, supérieurs même à ceux de la Chambre basse, tout au moins des attributions distinctes, on n'a rien fait tant que les membres de cette Assemblée n'ont ni indépendance vis-à-vis du Gouvernement, ni autorité dans le pays. C'est pourquoi, depuis la Révolution, Chambres des Pairs et Sénats ont disparu, de vingt ans en vingt ans, avec les Monarchies qui étaient leur seule raison d'être, plongeant sous le flot populaire ou prenant le parti de se dissoudre d'eux-mêmes après avoir vainement attendu sur leurs chaises curules que le Barbare se présentât pour les en chasser.

Toute la difficulté, — mais elle est grande, — consiste donc à chercher pour le Sénat nouveau un mode de recrutement qui, sans être identique à celui de la Chambre des représentants (car nous n'avons pas besoin de deux éditions du même livre), donne des garanties aux intérêts conservateurs et, en même temps, ne répugne pas trop à l'esprit démocratique.

Où en est-on de cette difficulté?

Tout le monde à l'Assemblée semble d'accord pour rejeter l'idée, — soit d'un Sénat héréditaire, — soit d'un Sénat complétement à la nomination du Pouvoir exécutif.

Reste un Sénat élu : — Mais quels seront les éligibles? quels seront les électeurs?

Le Gouvernement désigne-t-il les membres de la seconde Chambre? Quelles sont les garanties qu'il faut chercher? Des garanties d'indépendance; chez qui? chez le candidat : — de là, les *catégories* de 1830 et les *notabilités* du royaume d'Italie.

S'il s'agit, au contraire, d'un Sénat élu, c'est dans l'électeur que les garanties doivent être cherchées, garanties, non plus d'indépendance, mais d'esprit conservateur. En effet, quand l'électeur est conservateur lui-même, il élit des conservateurs sans qu'il soit besoin de gêner sa liberté et de porter atteinte à sa dignité en enfermant son choix dans des *catégories* d'éligibles. Quand l'électeur est radical, les entraves qu'on tente de lui imposer ne servent souvent qu'à lui faire préférer « *le pire dans le mauvais* ».

Toutes les Constitutions, — toutes sans exception, — celles du moins qui ont établi des secondes Chambres électives, ont cherché, — comme nous l'indiquons, — des garanties conservatrices chez l'électeur, rien que chez l'électeur : la Belgique et l'État de New-York dans le suffrage censitaire; les États-Unis et le Brésil dans le choix par les législatures locales.

En partant de cette idée de garanties conservatrices demandées uniquement à l'électeur, l'Assemblée a à choisir entre plusieurs systèmes : 1° le suffrage restreint des *censitaires*; 2° le Suffrage universel à double degré; 3° l'élection par les Conseils généraux qu'on assimile à tort aux législatures provinciales des États-Unis; 4° les catégories d'électeurs législativement établies.

I.— Le *cens* est définitivement écarté de nos institutions depuis la Révolution de 1848, et aucun membre du Centre droit n'oserait, je pense, en soutenir le rétablissement, même pour le Sénat.

II. — Le Suffrage universel à double degré, — bien que rationnel et conforme aux traditions de l'ancienne France, — doit également être éliminé; car, — en le supposant établi, — ou les citoyens se désintéresseraient d'un droit aussi secondaire et en abandonneraient l'exercice à ces *politiciens* corrompus et turbulents qui sont en ce moment la honte et qui commencent à être le danger des États-Unis, — ou, si les électeurs du premier degré avaient assez d'esprit politique pour attacher une grande importance à leur vote, ils ne s'arrêteraient pas à la limite fixée par la loi et délégueraient exclusivement, comme électeurs du second degré, soit des partisans connus du candidat de leur choix, soit des gens qui s'engageraient à voter pour lui. — Cette forme du *mandat impératif* s'est introduite aux États-Unis pour l'élection du Président, et en Prusse pour la nomination des députés. Tout porte à penser qu'il en serait de même en France.

III. — Le droit d'élire les membres de la seconde Chambre donné aux Conseils généraux transformerait des corps administratifs en assemblées politiques, au grand détriment des affaires départementales, et contrairement au texte de la loi qui a institué ces Conseils. Que verrait-on se produire? ce qui se passe déjà dans les législatures provinciales des États-Unis. L'intrigue, — sinon la corruption, — renouvellerait les scandales du régime censitaire. On signalerait bientôt des combinaisons de famille, des pactes d'influences. Les passions locales domineraient les intérêts généraux. La médiocrité l'emporterait le plus souvent sur le mérite, et le corps électoral serait trop restreint pour communiquer une autorité suffisante à l'Assemblée qui en serait issue.

L'idée de ne faire élire que deux ou trois sénateurs par département, — quel que soit le département, — et d'en confier le choix au Conseil général de ce département, a été empruntée à la Constitution américaine; mais à tort, et en voici la raison :

Pourquoi, aux États-Unis, un nombre fixe de sénateurs est-il élu pour chaque État, suffrage indirect dans lequel il n'est pas tenu compte de l'étendue, de la population, de la richesse, et de la force relative des différents États? c'est l'application du principe d'égalité absolue servant de base à *l'Union*, c'est-à-dire à la fédération d'États qui, dans le cercle de leurs intérêts purement intérieurs, conservent leur autonomie; c'est le maintien de l'indépendance particulariste, des Républiques locales à côté du principe de la souveraineté nationale.

Loin d'être une République fédérative, la France reste le pays le plus centralisé d'Europe. Le département français n'est presque qu'une expression géographique, une division administrative. Il a si peu d'autonomie qu'il a à peine une existence propre. L'inégalité n'est donc pas, chez lui, compensée par la Souveraineté, et le bon sens s'oppose à ce que tel petit département que je ne veux par citer ait, même au Sénat, une représentation identique à celle de la Gironde ou des Bouches-du-Rhône.

Nombre fixe de sénateurs par département, choix par les assemblées locales, — ce système, — dont les deux termes se lient, — n'aboutirait qu'à vicier l'institution des Conseils généraux en donnant une base trop frêle, et peut-être peu morale à l'institution du Sénat.

IV. — L'idée d'établir législativement des *catégories*

d'électeurs est celle qui, au premier abord, est la plus séduisante ; mais, dès qu'on essaie de déterminer pratiquement ces catégories, on se heurte à une difficulté invincible : celle de s'arrêter à un principe, de poser une règle, d'éviter l'arbitraire. Ou finira chaque *catégorie?* Pourquoi accorder le droit de suffrage à l'un et le refuser à l'autre? Où sera le *criterium?* On retombe fatalement dans les anomalies, les inconséquences du régime censitaire sous lequel une cote de 200 francs conférait l'électorat tandis que 199 francs d'impôts ne suffisaient pas à faire un électeur. Les *catégories* seraient peut-être, et en tout cas elles sembleraient fixées d'après l'intérêt de parti et la passion politique. Y a-t-il là une origine susceptible de faire disparaître les défiances que le Sénat excitera nécessairement par tradition historique, et en quelque sorte par destination?

Ces divers systèmes écartés, de quel côté chercher la solution?

Il faut d'abord s'entendre sur le but poursuivi :

La seconde Chambre doit-elle être un hôtel des Invalides, ouvert par avance, à ceux des membres de l'Assemblée actuelle qui craignent de ne pas revenir intacts du champ de bataille électoral? — Veut-on sérieusement faire du Sénat, non une Assemblée aristocratique en opposition avec une Assemblée populaire, non une sorte de Conseil d'État ou de commission politique au-dessous d'une Chambre souveraine ; non une réunion salariée de fonctionnaires et de courtisans nommés dans la vaine pensée de contrebalancer l'influence des représentants élus, mais un corps supérieur sans être prépondérant, où la Démocratie trouvera un contrôle sans rencontrer d'hostilité, et au *veto* modérateur duquel le pays se pliera avec d'autant plus de facilité qu'il en aura, — bien qu'indirectement, — désigné les membres.

S'il en est ainsi, le principe auquel on peut s'arrêter est celui si bien formulé par le journal *le Temps :* UNE SOURCE ÉLECTIVE AVEC LE SUFFRAGE UNIVERSEL A LA BÁSE.

Ce principe posé, comment l'appliquer?

Pourquoi ne pas emprunter à la Constitution suédoise (art. 6) l'idée d'un collége électoral délibérant, votant au chef-lieu d'arrondissement, et composé : 1° des députés et des conseillers généraux résidant dans l'arrondissement; 2° des membres du Conseil d'arrondissement; 3° des délégués des Conseils municipaux de l'arrondissement, à raison de la population de chaque commune?

Ce corps électoral, issu tout entier du Suffrage universel direct et encore investi de sa confiance, ne présenterait pas, d'un autre côté, les inconvénients, soit du Suffrage universel à double degré proprement dit, soit de l'élection par le Conseil général, corps permanent, restreint quant au nombre de ses membres, et assez disparate quant aux intérêts qu'il représente.

Un certain nombre de garanties pourraient encore être ajoutées au choix de ce corps électoral, garanties empruntées également aux Constitutions étrangères :

I. — Il n'y a pas, en France, la même inégalité entre les arrondissements qu'entre les départements. Trois sénateurs par département, ce serait trop ou pas assez; il pourrait y avoir au contraire un sénateur par arrondissement, quel que soit l'arrondissement. La représentation des intérêts locaux est conservatrice par nature ; d'un autre côté, il y aurait garantie de lumières grâce au vote au chef-lieu même de l'arrondissement et par *bulletins manuscrits*.

II. — Le mandat conservateur est, par essence, de longue durée. Il faut, en effet, qu'il s'écoule un espace de temps suffisant pour que la désobéissance momentanée aux caprices des foules devienne un titre à la reconnaissance réfléchie de la nation. Un mandat de neuf années, avec renouvellement partiel tous les trois ans, telle était l'organisation des anciens Conseils généraux, et il n'y a pas eu trop à s'en plaindre.

III. — Un autre caractère du mandat conservateur serait d'être gratuit, si ce n'était, en France, heurter bien des préjugés, exciter bien des défiances, réveiller bien des colères. Cependant on insiste, et on dit : Pourquoi, en face des mandataires salariés du Suffrage universel, n'y aurait-il pas une représentation également élue, composée de ceux qui, par le travail, l'épargne et l'intelligence, ont acquis le moyen de s'occuper gratuitement des intérêts publics? Avoir bien fait ses affaires, n'est-ce pas déjà une garantie qu'on fera bien celles des autres?

En Europe, les Chambres hautes, il faut en convenir, ne reçoivent, en général, ni traitement, ni indemnité. Le Sénat d'Amérique fait exception à cette règle. Les auteurs de la Constitution des États-Unis ont dû céder à un usage plus fort que les lois ; mais, en principe, ils étaient d'avis, ainsi que le prouvent les lettres de Jefferson, que l'Assemblée, qui représente la fortune acquise, les intérêts conservateurs, *l'aristocratie,* mais *l'aristocratie* entendue dans le sens antique du mot, c'est-à-dire les *meilleurs,* les plus capables et les plus moraux, que cette Assemblée doit être investie d'un mandat gratuit.

Un dernier point est de savoir si, dans le Sénat élu, il y aura des membres nommés par le Pouvoir exécutif; si, à côté des représentants légitimes de la volonté nationale, il peut venir s'asseoir des favoris ministériels. Dans un pays aussi amoureux que la France de ce qui est unitaire, aussi ennemi de ce qui est compliqué, byzantin ou chinois, est-il admissible qu'un même corps ait deux origines distinctes? Un des deux éléments ne deviendrait-il pas de suite prépondérant, et ne tendrait-il pas à paralyser, bientôt à éliminer le second, fût-ce à la suite d'une crise violente?

Cette difficulté devient plus grande encore dans une République où le Président est élu *pro tempore* par les deux Chambres réunies, c'est-à-dire pour partie par le Sénat lui-même. Ainsi, il y aurait des membres à vie en face de membres rééligibles ! Et de qui émaneraient les nomina- tions à vie ? D'un pouvoir transitoire qui, depuis longtemps déjà, aurait disparu quand ses délégués siégeraient encore au Sénat. Conçoit-on, d'autre part, que le chef du Pouvoir exécutif ait la faculté d'altérer la majorité électorale de la- quelle lui-même tient son titre et son existence constitu- tionnelle. M. de Ventavon l'a déclaré avec une mélancolie ironiquement applaudie : le Président de la République une fois élu par les Chambres, il est impossible qu'un seul sénateur tienne son siége du Gouvernement.

Néanmoins, les partisans de la conciliation admettent que certains membres, en petit nombre, dans une propor- tion telle qu'elle ne puisse altérer le caractère de l'Assem- blée, soient introduits dans le Sénat en même temps, sinon au même titre que les membres *élus*.

Ils proposent donc d'établir des *catégories* dans lesquelles figureraient ces hommes éminents, mais sans rapports avec les colléges électoraux, éloignés de toute brigue par l'indé- pendance de leur caractère, par le sentiment de leur dignité, et dont l'absence laisserait un vide dans les Assemblées déli- bérantes du pays, surtout dans le Sénat, qui doit être un bureau de contrôle, un conseil de gouvernement, une com- mission diplomatique et, de plus, la réunion des illustra- tions nationales.

Dans ces *catégories*, le Gouvernement pourrait prendre des sénateurs *à voix consultative*, comme, aux États-Unis, les quatorze délégués des sept Territoires non reconnus comme États, et, en France, les Conseillers d'État *hors sections*. Désignés tous les ans par le Pouvoir qui, bien que temporaire, survivrait encore à cette délégation, ils auraient entrée à l'Assemblée, voix consultative, droit de parler; ils pourraient faire profiter la Chambre de leur expérience des affaires, de leur compétence spéciale, de leurs talents de toutes sortes; mais, le moment du scrutin venu, ils ne pourraient peser d'aucun poids dans les décisions législatives et constitutionnelles, qui, toutes et complétement, doivent émaner de la représentation nationale.

Telles sont, Monsieur le rapporteur, les idées que m'ont suggérées, d'abord une étude approfondie des Constitutions françaises et étrangères, ensuite une attention scrupuleuse à suivre les débats de l'Assemblée.

Je vous les soumets respectueusement, dans l'espoir peut-être téméraire que vous y trouverez quelque chose d'applicable et d'utile.

Veuillez agréer l'hommage de ma haute considération.

CORENTIN GUYHO,

Docteur en droit,

Avocat au Conseil d'État et à la Cour de cassation.

POST-SCRIPTUM

Les journaux annoncent que la Gauche de l'Assemblée accepterait un Sénat élu par le Suffrage universel *direct* dans des *catégories* d'éligibles.

Les *catégories* de 1830 seraient ainsi transportées du choix monarchique à l'élection populaire; la garantie ne serait pas cherchée dans l'électeur, à l'inverse de ce qu'enseigne l'expérience européenne; la Constitution prétendrait mettre des lisières au nombre pour lui faire choisir de force la raison.

On conçoit ce qu'au premier abord, de telles idées peuvent avoir de tentant, surtout pour les hommes qui, à raison de leur âge, aiment à faire un retour vers le passé; — mais voici la difficulté :

De deux choses l'une : — ou les *catégories* resteraient ce qu'elles étaient en 1830, et les électeurs verraient leur choix limité à un petit nombre de personnes, à des fonctionnaires dépendant du Pouvoir, ce qui nous donnerait une nouvelle Chambre des Pairs sans racines et sans autorité; — ou le cercle serait étendu dans le sens démocratique, et alors le suffrage *direct*, contre lequel, tout en le consultant, on prendrait ainsi une précaution ostensible et humiliante, pourrait trouver dans ces *catégories* fallacieusement conservatrices, et dès lors il irait prendre de préférence, les esprits « bizarres et singuliers », comme disait M. Thiers, par un charmant euphémisme.

N'a-t-on pas vu, sous l'Empire, d'anciens socialistes devenir sénateurs, et d'anciens Pairs de France se faire socialistes? Actuellement il y a autant de millionnaires sur les bancs de l'extrême gauche, que sur ceux des Centres. Peut-on croire dès lors qu'une situation conservatrice soit, à elle seule et nécessairement, une garantie d'esprit conservateur, et l'ambition de l'homme politique ne l'emportera-t-elle pas presque toujours sur l'intérêt du rentier ou du propriétaire?

C. G.

PARIS. — TYPOGRAPHIE DE A. POUGIN, 13, QUAI VOLTAIRE. — 2118

www.ingramcontent.com/pod-product-compliance
Lightning Source LLC
Chambersburg PA
CBHW061239050726
47594CB00009B/3948